MÉMOIRE

A CONSULTER

ET CONSULTATION

POUR le Sieur JULIEN, Propriétaire de la salle du Théâtre-Français;

CONTRE S. A. S. Monseigneur LE DUC D'ORLÉANS.

MÉMOIRE

A CONSULTER

POUR le Sieur JULIEN, Propriétaire de la Salle du Théâtre-Français ;

CONTRE S. A. S. *Monseigneur* LE DUC D'ORLÉANS.

APRÈS plus de vingt ans de possession, je suis inquiété dans une propriété que j'ai légitimement acquise, sous l'empire de lois et d'actes qui en garantissaient à mes vendeurs l'irrévocabilité, et que depuis des décisions successives de l'autorité administrative et judiciaire, la Charte et la loi du 5 décembre 1814, semblaient avoir consolidée à jamais en mes mains.

Je ne me permettrai aucune réflexion sur la nature de l'agression dont je suis l'objet.

Fort de mon droit, de mes titres, des lois qui protègent ma propriété, je ne m'adresse qu'à mes juges et aux conseils que

A

j'ai prié de diriger ma défense. Je ne ferai parler que les actes, sans chercher à en détourner le sens par d'insidieuses analyses, et en écartant de la cause tout ce qui lui serait étranger.

LES faits que je dois exposer m'ont paru se diviser naturellement en trois époques.

La première, comprenant ceux qui se sont passés jusqu'à l'adjudication faite à mes vendeurs en 1793.

La deuxième, jusqu'à la revente qui m'a été faite en l'an 4.

Et la troisième, depuis mon acquisition jusqu'à la demande de S. A. S. Mgr. le Duc d'Orléans.

PREMIÈRE ÉPOQUE.

Faits relatifs à l'adjudication de 1793.

Depuis 1692, le Palais Royal était possédé, à titre d'apanage, par les Princes de la maison d'Orléans.

Le dernier Duc d'Orléans, père du Prince actuel, conçut le projet d'élever des édifices sur les terreins compris dans cet apanage. Il obtint, le 13 août 1784, des lettres-patentes qui lui permettaient d'aliéner, par acensement, les portions de terrein qu'il désignait par un plan, comme devant servir d'emplacement à ces constructions, et qu'il annonçait comprendre en tout 3,500 toises.

Conformément à sa demande, des lettres-patentes lui furent accordées. L'autorisation y est conçue en ces termes : « Per-
» mettons à notredit Cousin le Duc de Chartres d'acenser les
» terreins et bâtimens parallèles aux trois rues des *Bons-*
» *Enfans*, *Neuve des Petits-Champs* et de *Richelieu* ; comme
» aussi le sol des passages nécessaires au service d'icelles ; con-
» tenant le tout 3,500 toises, *lesquelles sont marquées et enlu-*

» *minées en rouge sur le plan signé Louis, architecte, annexé*
» *sous le contre-scel des présentes ;* pour être possédés par les
» censitaires en toute propriété libre et disponible ».

On a supposé, il est vrai, page 7 du Mémoire publié pour
le Prince, qu'il n'*était question dans les lettres-patentes que
de trois mille cinq cent toises* PRISES AUTOUR DE L'ANCIEN JARDIN ;
mais les lettres-patentes, comme on voit, ne contiennent point
cette limitation autour de l'ancien jardin ; et si le Prince, dans
sa pétition, en exposant les avantages qui résulteraient de son
projet, disait qu'il avait pensé que *le jardin serait plus agréable
et plus commode s'il était environné le long des trois côtés de
galeries couvertes*, cela ne voulait pas dire que les terreins
aliénables n'excéderaient pas le pourtour du jardin ; les lettres-
patentes se référaient an plan qui leur était annexé ; c'est par
le plan indicateur qu'étaient fixées les limites des terreins compris dans les lettres-patentes.

Elles ont été, ainsi que le plan annexé, déposés par le feu
Prince à Me. Rouen, notaire, suivant acte du 3 février 1785.
Je m'en suis fait délivrer une copie authentique ; et l'on
y voit que les portions de terrein déclarées aliénables par
les lettres-patentes se prolongeaient sur la ligne parallèle à la
rue de Richelieu, bien au-delà du pourtour de l'ancien jardin,
en avançant du côté de la rue Saint-Honoré.

C'EST en partie sur cette dernière portion de terrein, formant
une surface de 234 toises, que le feu Duc d'Orléans a fait
construire la salle de spectacle dont il s'agit. Lui-même nous
apprend que la dépense de cette construction s'est élevée à
3,600,000 liv. Le surplus de l'emplacement se compose de 185
toises, environ, de terreins provenant de maisons particulières
acquises par le Prince, et aussi de 212 toises dépendant de
l'ancien apanage, et non comprises dans l'autorisation des
lettres-patentes.

Le feu Duc d'Orléans avait loué d'avance cette Salle pour

trente ans aux sieurs Guillard et Dorfeuille, moyennant 24.000 liv. par an; outre ce prix, ils lui avaient avancé et sans intérêts, pour servir à la construction, une somme de 3oo,ooo liv., dont 66,25o fr. sans répétition, et 2oo,ooo liv. payables à l'expiration seulement des trente années du bail. Le Théâtre fut ouvert en avril 1790.

Dans cette même année, une loi du 27 septembre 1790 révoqua toutes les concessions d'apanages, pour y substituer des rentes apanagères, dont le Corps législatif devait déterminer la quotité.

L'article 9 de cette loi déclare que les *décrets relatifs à la vente des biens nationaux s'étendent et seront appliqués à ceux compris dans les apanages supprimés.*

Une autre loi du 6 avril 1791, en renouvelant ces dispositions, fixa la quotité des rentes apanagères à un million.

Outre ce million, il fut accordé à M^r. le Duc d'Orléans un autre million chaque année, pendant vingt ans, à titre d'indemnités des améliorations faites par ses auteurs et lui dans les fonds de son apanage, lequel million fut affecté à ses créanciers.

L'article 18 contenait en faveur du Palais Royal et de celui du Luxembourg, une exception ainsi conçue : « Le Palais
» d'Orléans ou du Luxembourg, et le Palais Royal, sont ex-
» ceptés de la révocation d'apanage prononcée par le présent
» décret et celui du 13 août dernier; les deux apanagistes,
» auxquels la jouissance en a été concédée, et les aînés mâles
» chefs de leurs postérités respectives, continueront d'en jouir
» au même titre et aux mêmes conditions que jusqu'à ce
» jour ».

Le même article ajoutait : « L'Assemblée nationale confir-
» me les aliénations qui ont pu être faites des terreins ou
» édifices dépendans de l'apanage du Palais Royal, ou toutes
» autres autorisées par des lettres-patentes enregistrées ».

(5)

Tel était l'état de la législation sur les apanages, lorsque le feu Duc d'Orléans fit, avec la masse de ses créanciers, le 9 janvier, un concordat qui réglait le mode d'administration de ses biens. Dans le Mémoire du Prince, on a paru attacher beaucoup d'importance à expliquer quelles avaient pu être les causes de la diminution de sa fortune et du dérangement de ses finances. Cette partie de la cause m'est étrangère. Quoiqu'il en soit, par ce concordat, quinze mandataires étaient nommés par les créanciers pour surveiller cette administration; et le Prince s'obligeait de faire vendre ses immeubles *jusqu'à concurrence de son passif.*

L'article 18, qui renferme cette obligation, est ainsi conçu :
« Dès ce moment, et pendant le cours des années suivantes, le
» Prince fera mettre en vente des fonds et des immeubles
» jusqu'à la concurrence de son passif. Il donnera à cet effet
» procuration, laquelle contiendra pouvoir de le représenter
» dans toutes les opérations relatives à l'exécution du pré-
» sent acte, et de faire en son nom tout ce qui sera avisé par
» l'assemblée commune des mandataires de ses créanciers et
» de son conseil ».

L'article 19 ajoute : « Les mandataires de l'union, de concert
» avec le conseil du Prince, détermineront l'ordre dans lequel
» ses biens seront vendus, et les conditions desdites ventes.......
» Ces ventes seront faites à l'amiable, aux enchères qui seront
» reçues publiquement, placards préalablement apposés au
» nom du Prince, poursuite et diligence de son fondé de pou-
» voir, par un des notaires du Prince, en présence de celui des
» créanciers, sans autre procès-verbal que celui du notaire,
» et dans une des salles du Palais Royal, en présence des
» mandataires, dont le nombre ne pourra être moindre de
» trois ».

Un état des biens du Prince fut annexé à ce contrat : il ne contient qu'une énonciation sommaire de ses diverses propriétés, avec indication de leurs produits. Les revenus des constructions y sont portés en masse, sous cette indication générale : *Maisons à Paris, et intérêts de celles qui ont été vendues. En revenu,* 718,600 liv.

C'est en exécution de ce concordat que, dix-huit mois après, la Salle de Spectacle a été mise en vente; et ici se placent des faits d'une grande importance.

A cette époque le régime féodal se trouvant aboli, il n'était plus possible de suivre, pour les terreins de l'ancien apanage, le mode d'aliénation par acensement, prescrit par les lettres-patentes de 1784. Le feu Duc d'Orléans s'adressa à l'Assemblée nationale, pour faire autoriser un autre mode d'aliénation à raison de 7 liv. 19 sols de rentes foncières par chaque toise de terrein ; et quels sont les terreins que le Prince lui-même va signaler comme compris dans les autorisations de 1784?

Je suis forcé de relever ici une grave erreur échappée au rédacteur du Mémoire publié pour S. A. S. Suivant lui, page 13, le Prince *aurait voulu obtenir de l'Assemblée nationale l'autorisation nécessaire pour qu'il lui devînt possible d'ajouter quelques parties de son apanage à la masse disponible de ses propriétés ;* et c'est dans ce but qu'il aurait, le 29 mars 1792, présenté à l'Assemblée législative une pétition, par laquelle *il aurait demandé l'autorisation nécessaire pour vendre,* 1°. *les arcades du Palais Royal numérotées* 21, 22, 23, 39, 40 *et* 41; 2°. *la totalité des maisons de la Cour des Fontaines ;* 3°. *une salle de spectacle ; et enfin plusieurs maisons adjacentes.* Enfin, on annonce que cette autorisation lui aurait été refusée.

Il suffit de lire la pétition du Prince pour être convaincu que l'on en a dénaturé le sens et l'objet.

On y voit que l'autorisation demandée par le Prince avait pour but unique de substituer l'aliénation par rente foncière à celle par acensement devenue impossible ; et que bien loin de provoquer une nouvelle autorisation pour les objets indiqués dans le passage que je viens de transcrire, le Prince ne les énonce que comme faisant partie des aliénations précédemment autorisées par les lettres-patentes de 1784, et par la loi du 6 avril 1791.

Le Prince, en effet, rappelle dans sa pétition les aliénations antérieures confirmées par cette loi du 6 avril 1791; puis il expose qu'*il n'avait pas alors entièrement épuisé le droit résultant en sa faveur des lettres-patentes de 1784; qu'il lui restait à cette époque, comme il lui reste encore, les arcades dudit Palais numérotées* 21, 23, 39, 40 et 41; *la totalité des maisons de la Cour des Fontaines,* UNE SALLE DE SPECTACLE, *et enfin plusieurs maisons adjacentes, biens qu'il lui importe d'autant plus de vendre aujourd'hui qu'il a dû compter sur le prix qu'il en retirerait pour l'acquit de ses constructions.*

Ceci est positif; ce n'est pas une autorisation nouvelle que M^r. le Duc d'Orléans demandait; c'est lui-même qui excipe des lettres-patentes de 1784, et qui reconnaît, ce qui est aujourd'hui dénié, que la salle de spactacle faisait alors partie des biens dont il avait, en vertu de ces lettres, la libre disposition.

L'autorisation demandée ne dut donc être accordée que sur le nouveau mode d'aliénation. Elle fut consignée dans un décret du 14 septembre 1792 dont l'article premier porte que, « le » Prince pourra continuer les aliénations qu'il a été autorisé » de faire par les lettres-patentes de 1784 et par la loi du 20 » mars 1791, sous le titre de ventes pures et simples, en impo- » sant aux acquéreurs l'obligation d'une rente foncière et » apanagère de 7 liv. 19 sols par toise de terrein... rachetable » au denier 20 ».

EN 1793, le feu Duc d'Orléans fut lui-même atteint de la proscription qui frappait depuis huit mois l'auguste famille de nos Rois. Il fut arrêté le 4 avril.

Il n'avait point encore donné la procuration stipulée par l'article 18 du concordat. Il la signa, le 8 avril, entre deux guichets.

Quatre mandataires furent nommés par lui, et choisis dans le nombre de ceux de ses créanciers. Cet acte contient le pouvoir *de continuer de faire procéder aux ventes et adjudications sur publications, ainsi qu'il est stipulé par le concordat, et avec toutes les garanties nécessaires en faveur des acquéreurs, des biens du constituant, jusqu'à concurrence des sommes par lui dues à ses créanciers;* il autorise aussi *à substituer une ou plusieurs personnes pour l'exécution de tout ou partie des pouvoirs.*

Le 16 du même mois, les biens du Prince furent mis sous le séquestre national.

En vertu de ce séquestre, et par suite des lois antérieures qui avaient supprimé de nouveau les apanages sans aucune réserve, la vente des biens du Prince, et notamment celle des dépendances du Palais Royal, qui restaient à vendre, ne pouvait plus s'exécuter qu'avec le concours de l'administration nationale.

Les créanciers s'adressèrent à leur tour à l'Assemblée Nationale pour obtenir ce concours.

Il leur fut accordé par un décret du 1er. mai 1793, en ces termes :

« L'agent du Trésor public surveillera toutes les opérations » relatives à la liquidation et au paiement des dettes dudit » *d'Orléans,* qui seront faites *en exécution du concordat* » intervenu entre lui et ses créanciers ».

Peu de tems après, la Salle du Spectacle fut mise en vente.

Le procès-verbal fut ouvert le 27 août 1793.

Trois des quatre mandataires du Prince exposent dans le préambule « que d'après l'examen fait dans l'assemblée com- » mune des mandataires et du conseil du citoyen Orléans, en » présence du citoyen Turpin, agent de la Trésorerie natio- » nale, il a été arrêté qu'il serait mis en vente, entr'autres » biens,

» biens, *la Salle de Spectacle*, ci-devant dite des Variétés, au-
» jourd'hui de la République Française, sise rue de Richelieu,
» avec les maisons, bâtimens, galeries et boutiques en dépen-
» dant. Qu'en conséquence le citoyen Orléans a fait apposer
» des placards imprimés ».

La désignation de l'objet mis en vente explique bien claire-
ment, en conformité d'un plan annexé, les trois diverses na-
tures de terreins sur lesquelles la Salle et ses dépendances ont
été construites.

L'une de 180 toises, teinte en vert d'eau et cottée A, provient de l'ancien apanage, et a été augmentée de trente-deux
toises et demie le jour de l'adjudication.

L'autre de 234 toises, teinte en rouge pâle, et cottée B,
fait partie des terreins qu'il a été permis au Prince d'acenser
par les lettres-patentes de 1784.

La troisième, composée de plusieurs portions, teintes en
diverses couleurs, et cottées C, D, E, F, G, provient d'acquisitions privées dont l'origine est expliquée, et contient 185
toises.

Dès ce moment il faut observer que le théâtre tout seul est
sur les 212 toises de l'ancien apanage, et que la Salle et les
loges, ainsi que les escaliers, péristiles, galeries environnans
se trouvent tant sur les 234 toises dont l'acensement était
permis; que sur les terreins d'acquisitions.

En conformité des lettres-patentes et du décret du 14 septembre 1792, les 234 toises comprises dans l'autorisation d'acensement, ont été chargées d'une rente foncière et apanagère
de 7 liv. 19 sous par toise.

La première publication d'enchère a eu lieu le même jour,
27 août, sur mise à prix d'un million, en présence des trois
mandataires et de l'avoué du Prince, du sieur Turpin, agent
national, et des deux mandataires des créanciers.

B

Le 3 septembre, deuxième publication.

Le 10, troisième publication. L'enchère a été portée à 1,200,000 liv.; *et ne s'étant trouvé personne qui ait suren-chéri*, on a remis au mois pour l'adjudication définitive en ces termes : *La vacation pour l'adjudication de ladite Salle de Spectacle et ses dépendances a été remise, sauf le mois, au mardi huit octobre.*

Le 8 octobre, nouvelle remise à quinzaine pour l'adjudication définitive ; et enfin, le 22 octobre, la Salle de Spectacle a été adjugée, moyennant 1,600,500 liv., aux sieurs Gaillard et Grandmesnil, pour la Société des Comédiens Français.

C'est lors de cette dernière publication de l'enchère que fut ajoutée une portion de 32 toises et demie qui, par erreur, n'avait pas été comprise dans la première désignation. Elle renfermait un escalier nécessaire au théâtre, et dont l'omission aurait fait obstacle. L'enchère ne s'était élevée, jusqu'à ce moment, qu'à 1,200,000 fr., et le prix de l'adjudication s'est élevé à 1,600,500 fr.

Le tout a été fait en présence de trois mandataires du Prince, de Lemaire son avoué, de deux mandataires des créanciers, et du sieur Turpin, agent national, et tous ont signé toutes les vacations du procès-verbal.

C'est ainsi que la Société des Comédiens Français est devenue propriétaire de la Salle de Spectacle, propriété qu'elle a conservée jusqu'en vendémiaire an 4.

DEUXIÈME ÉPOQUE,

Depuis l'adjudication de 1793, jusqu'à la revente qui m'a été faite en l'an 4.

M^r. le Duc d'Orléans avait péri le 6 novembre 1793. Le Prince actuel, son fils, était émigré. Le domaine se trouva, de ce moment, saisi de tous les biens et de tous les droits de son père, et le prix de l'adjudication dut être payé au domaine.

Les adjudicataires firent en effet leurs versemens dans la

caisse du Receveur du Domaine. Le 4 thermidor an 3 ils étaient presqu'entièrement libérés, lorsqu'une première contestation fut élevée par cet agent national sur la validité de leur adjudication.

En liquidant à 1,009 fr. ce qui restait dû sur le capital et intérêts du prix, le Receveur du Domaine refusa de recevoir ce reliquat, et de donner une quittance pour solde ; et il consigna dans l'arrêté de liquidation qu'il venait de rédiger des réserves ainsi conçues :

« Réserves de fait et de droit, et notamment, soit relative-
» ment à l'exécution des diverses clauses et conditions insé-
» rées dans ladite adjudication;..... *soit relativement aux*
» *droits de la nation* RÉSULTANT DE L'APANAGE *du ci-devant*
» *Palais-Royal ;* soit enfin relativement aux diverses lois qui
» prononcent la confiscation des biens d'Orléans ».

Il fallut faire régler cette difficulté par l'autorité compétente; c'était alors le Comité des finances, auquel, par décret du 1er. fructidor an 3, avaient été *exclusivement renvoyées toutes les questions relatives à la validité ou nullité des adjudications des biens nationaux ou réputés tels* (1).

Celle relative à la validité de l'adjudication du Théâtre y subit un mur examen.

La réclamation des Comédiens contre le refus qu'ils éprouvaient d'une quittance définitive, est visée dans le rapport qui fut fait à ce comité, et l'on y voit que ce refus était motivé de la part de l'agent national, « sur ce que, dans la vente, on avait com-
» pris une portion de terrain *faisant partie du* CI-DEVANT *apa-*
» *nage d'Orléans* dont *la réversion avait été faite* au domaine
» national, et que selon lui *cette portion de terrain ne fait point*
» *partie de ceux que d'Orléans avait été autorisé par lettres-*
» *patentes de 1784 et décrets subséquens, à acenser ou aliéner,*
» d'où il a conclu que l'adjudication qui en a été faite serait nulle».

C'était le même motif que celui sur lequel le Prince fonde aujourd'hui sa demande.

---

(1) Bulletin des Lois, première Série, tome V, Bulletin 178, n. 1083.

Les autorités secondaires furent consultées.

Les agens nationaux de l'enregistrement donnèrent un avis qui, dans son développement, détruisait tous les prétextes allégués contre la validité de l'aliénation.

La Commission des revenus nationaux, par une opinion également motivée, fortifia les raisons exposées par les agens du domaine (1).

____

(1) Voici le texte de ces deux avis.

Avis des Agens nationaux.

« Un décret du 1er. mai 1793, rendu en faveur des créanciers de d'Orléans,
» a ordonné *la continuation des opérations relatives à la liquidation et au*
» *paiement des dettes* de d'Orléans, *conformément au concordat* fait en-
» tr'eux par lui, *en présence de l'Agent du Trésor public.*

» C'est en conformité de ce décret que la vente dont il s'agit a été faite, et
» l'on doit avouer que l'on *a enchéri sur les formalités d'usage* pour les ad-
» judications. Ce n'est, en effet, qu'après trois mois d'affiches, et quatre remises
» à quinzaine, que l'adjudication définitive a été faite le 22 octobre 1793.

» Le Receveur a objecté que d'Orléans avait été compris dans le décret de
» déportation de la famille Bourbon, et qu'un décret postérieur, du 17 sep-
» tembre, ayant ordonné que les biens des déportés seraient régis comme les
» biens nationaux, *les créanciers unis de d'Orléans n'avaient plus droit de*
» *vendre à cette époque*, et qu'on pourrait douter de la validité de l'adjudica-
» tion, *comme postérieure à la même époque.*

» Cette objection n'est pas fondée. Le décret du 17 septembre n'a pas rap-
» porté celui du 1er. mai 1793 ; il n'a point annullé les opérations qui s'en sont
» suivies et qu'il avait autorisées, et *l'adjudication commencée dès le mois*
» *d'août ayant eu lieu en présence de l'Agent de la Nation, qui lui a donné*
» *son assentiment, a été légalement faite.*

» Le Receveur a fait une autre objection, qui dégénère en une simple allé-
» gation dénuée de preuves ; elle consiste à dire que les lettres-patentes de 1784,
» confirmées par un décret de la Convention nationale, avaient autorisé d'Or-
» léans à acenser les bâtimens et terreins parallèles aux trois rues des Bons-
» Enfans, Neuve-des-Petits-Champs et Richelieu, et le sol des passages néces-
» saires, contenant le tout 3,500 toises, margées et enluminées de rouge sur le
» plan annexé aux lettres. Les terreins ainsi marqués paraissent former une
» superficie de plus de toises que les lettres patentes n'en spécifient, et il serait

Sur ces rapports divers, le Comité des Finances rendit, le 28 vendémiaire an 4, une décision dont il importe de rappeler les termes.

« Le Comité des Finances, sur le rapport de la Commission » des Revenus nationaux, considérant que la salle du spectacle » *dit* de la République a été régulièrement adjugée, et que *la*

» possible que le terrein sur lequel la Salle de Spectacle a été bâtie n'eût pas » été compris dans la faculté d'aliéner.

» Outre que cette allégation manque de soutien, c'est que, quand elle serait » prouvée, elle ne pourrait pas s'appliquer à la Salle de Spectacle, dite de la » République. En effet, le terrein sur lequel cette Salle a été construite est » *parallèle pour la partie acensée aux arcades* ; le surplus est ou d'apanage » ou patrimonial, de sorte que la faculté d'aliéner accordée à d'Orléans se serait » étendue au terrein dont il s'agit.

» Les Agens nationaux pensent, au surplus, que la Nation serait sans intérêt » à attaquer l'adjudication ; *quant au terrein apanagé* qui est entré dans la » formation de la Salle, les biens de d'Orléans étant confisqués, *c'est la Nation* » *qui le représente* ; ainsi, elle est *garante de la vente, et elle serait tenue* » *de rendre aux acquéreurs la valeur du terrein dans lequel elle entrerait.* » Aux termes du décret du 1er. floréal, les dettes de d'Orléans sont devenues » nationales, ainsi que ses propriétés.

» Il n'y a donc nul intérêt pour la Nation d'attaquer la vente ; il conviendrait » seulement de faire une ventilation de la valeur du terrein apanagé, pour le » montant être distrait de la caisse du Domaine.

» Conclusions : ils estiment qu'il y a lieu de *confirmer la vente faite aux* » *pétitionnaires* ».

Avis de la Commission des Revenus.

« La vente critiquée par le Receveur de l'Agence de l'enregistrement ne » peut être attaquée par la Nation, parce que, dans la forme, elle est régu— » lière ; et quant au fond, elle a été suffisamment autorisée par les lettres » patentes de 1784, par les décrets subséquens, par le concordat passé entre » d'Orléans et ses créanciers, et par le décret du 1er. mai 1793, confirmatif

» *Nation n'aurait ni droit, ni intérêt à attaquer l'adjudication,*
» que d'ailleurs elle n'a été faite qu'en présence et du consen-
» tement de l'Agent national, et d'après un décret de la Con-
» vention nationale, du 1er. mai 1793, ARRÊTE : « Que lors du
» dernier et final paiement du montant de l'adjudication et

» du concordat ; on pourrait aller jusqu'à dire que cette vente est *l'ouvrage*
» *de la Nation qui y a été représentée par son Agent, lequel y a donné*
» *une adhésion formelle.*

» L'intérêt est la mesure des actions ; la Nation n'en aurait aucune à
» provoquer, si elle y était fondée, la nullité de la vente. Elle représente
» d'Orléans, dont les biens sont nationalisés. Ces biens sont responsables
» des faits du vendeur ; *et, comme il eût été obligé de faire jouir les acqué-*
» *reurs, de même que la Nation, qui est en son lieu et place,* serait tenue
» de garantir l'exécution de la vente, quant au terrein provenu par l'apanage,
» et procéder par ventilation à la vente de ce même terrein, qui est couvert
» de partie des bâtimens et dépendances de la salle, et qui *n'étant pas sus-*
» *ceptible d'une jouissance partielle, serait dans les mains de la Nation*
» un objet à-peu-près nul, au moins pendant les trente années du bail entre-
» tenu par l'adjudication.

» La vente, qui dans la même hypothèse serait faite par la Nation du
» terrein provenant de l'apanage, ne lui procurerait aucun bénéfice. Les pé-
» titionnaires, qui *demeureraient incontestablement propriétaires du sur-*
» *plus de l'emplacement de leur salle,* ne manqueraient pas de se rendre
» adjudicataires, à quelque prix que ce fût ; et ce prix serait la mesure de
» l'indemnité qui serait due aux Propriétaires par la Nation elle-même, en
» vertu de la garantie qu'elle leur devait, comme représentant d'Orléans.

» Ainsi la Nation n'a minifestement *ni droit ni intérêt* d'attaquer la vente
» dont il s'agit ; et les acquéreurs en ayant totalement payé le prix et intérêt
» principal, à environ 5,000 liv. près qu'ils reconnaissent devoir, et dont ils
» ont offert de se libérer, on ne voit aucune difficulté à ce que le Receveur
» de l'Enregistrement, en percevant le restant, *leur délivre une quittance*
» *finale pour solde ;* la demande qu'ils en forment paraît de toute justice.

» Il n'est pas nécessaire de prononcer la confirmation de la vente ; elle n'est
» pas judiciairement attaquée, et elle ne pourrait l'être valablement ; *il faut*
» *la considérer comme un être solide en soi, qui n'a point besoin de*
» *secours pour se soutenir ».*

» des intérêts, qui sera effectué par les adjudicataires, il leur
» sera délivré par le Receveur de l'Agence de l'Enregistrement
» et des Domaines *une quittance purement et simplement*
» *définitive et pour solde* ».

C'est pendant que les Comédiens poursuivaient au Comité
des Finances cette confirmation de leur adjudication, que j'ai
négocié avec eux l'acquisition de leur Salle de spectacle. Le
marché fut conclu et arrêté le 3 vendémiaire an 4. Mais j'exi-
geai que son exécution fût conditionnelle à la confirmation
qui était encore en suspens.

Le prix convenu était de 14 millions assignats; je stipulai
que les deux premiers millions ne seraient payés *qu'au moment*
» *de la justification de la quittance définitive* de ce qui restait dû
» à la Nation comme représentant ledit d'Orléans; 8 millions,
» quinze jours après la justification de ladite quittance; et à
» l'égard des quatre millions restant, après les lettres de ra-
» tification.

L'acte stipulait aussi que si les vendeurs ne me justifiaient
pas dans les dix jours de cette quittance définitive, je pour-
rais me considérer comme délié de mon engagement.

La vente était faite au nom d'un sieur Prevost, qui m'a
passé, depuis, déclaration de command; mais elle n'avait été
consignée que dans un acte sous seing-privé: et cet acte ne fut
enregistré et déposé chez un notaire que le 3 brumaire an 4. La
déclaration de command n'a eu lieu aussi que postérieurement
à la décision du Comité des Finances.

En exécution de cette décision, mes vendeurs ont reçu le 15
brumaire de la même année une quittance définitive et pour
solde ; et c'est alors seulement que mon prix d'acquisition
est devenu exigible.

TROISIÈME ÉPOQUE,

Depuis mon acquisition jusqu'au procès actuel.

Ma libération envers mes vendeurs donna lieu à une con-

-testation judiciaire. Ils avaient espéré que dix jours leur suf-
firaient pour se procurer et la quittance du Domaine et l'arrêté qui devait la précéder. Malheureusement plus de six
semaines s'étaient écoulées ; les assignats avaient dépéri par
leur fait ; ils refusèrent le paiement ; je fus obligé de déposer ,
la validité des offres fut contestée.

Pendant que ce débat s'agitait devant le Tribunal de Paris , la
Régie des Domaines intervint au procès le 1er. prairial an 5 et
conclut à ce que le *contrat d'acquisition de mes vendeurs fût
annullé et la république envoyée en propriété et possession
du Théâtre , bâtimens et terreins en dépendant ;* attendu ,
disait-elle , que *cette vente était nulle comme contenant une
portion de l'apanage inaliénable de Louis-Philippe Joseph
d'Orléans.*

Par jugement du 11 thermidor an 6, les offres par moi faites
furent annullées , et la Régie déclarée non-recevable dans
son intervention, *sauf à elle à se pourvoir par action principale.*

En cet état, mon premier soin fut de suivre contre mes
vendeurs l'appel de la disposition qui annullait mes offres ;
mais cette décision fut confirmée par jugement rendu en l'an
7 au Tribunal d'Eure-et-Loir.

Je perdis ainsi les 12 millions que j'avais déposés. Je me
trouvai forcé de payer une seconde fois, dans le mode prescrit
par la loi de nivôse an 6, c'est-à-dire, d'après l'estimation
qui serait faite de la valeur que l'immeuble aurait eue en numéraire à l'époque de la vente.

Cette estimation fut suspendue par un incident d'où sortit
une nouvelle et troisième attaque dirigée par le domaine contre
l'adjudication de 1793.

On était arrivé, en l'an 8 , sous le régime consulaire. Ce nouveau

veau Gouvernement avait conçu le projet de faire de la Salle du Théâtre Français une propriété publique. Un arrêté des Consuls du 23 Thermidor an 8 ordonna que *ce Théâtre, avec ses dépendances et le mobilier nécessaire, seraient acquis par la République;* et l'on s'occupa des moyens d'exécution.

Pour déterminer le prix d'achat, quatre architectes des plus recommandables (1) furent nommés, deux par le Ministre, les deux autres par moi; et par une estimation unanime, ils le fixèrent à 1,440,000 fr., *payables en espèces sonnantes.*

La clôture de cette opération est du 29 nivôse an 9. Mais pendant que les experts opéraient, un dénonciateur officieux entreprit de fournir au Gouvernement un moyen plus expéditif et moins coûteux : c'était de s'emparer de la propriété, en faisant revivre contre l'adjudication de 1793 la prétention de nullité, proscrite par la décision administrative du 28 vendémiaire an 4, et reproduite en l'an 6 devant le tribunal de Paris.

Un mémoire fut présenté au nouveau Ministère, dans lequel on répétait tous les mêmes griefs sur lesquels le Comité des finances avait prononcé en l'an 4. On convenait cependant que cette décision formait un obstacle invincible à l'annullation de la vente. Mais pour trancher toute difficulté, on proposait au nouveau Gouvernement d'annuller cette décision elle-même, puis de renvoyer aux tribunaux pour annuller la vente. Ce passage du mémoire mérite d'être transcrit.

« Une dernière objection, disait-on, consiste à dire que » l'adjudication a été déclarée régulière **par** un arrêté du » Comité des finances, et que *cet arrêté subsiste.* Il suit de là » que l'adjudication *ne pourrait être annullée dans les Tri-* » *bunaux,* tant que cet arrêté, *qu'ils n'auraient pas le pou-* « *voir d'infirmer,* subsistera. *Cela est vrai;* et avant d'inten- « ter une action principale et directe, au nom de la Répu-

______

(1) MM. Chalgrin, Molinos, Nory et Legrand.

» blique, contre les adjudicataires du Théâtre Français, *il*
» *sera nécessaire de faire rétracter l'arrêté* ».

Les comédiens français n'étaient point encore payés. C'était
à eux à repousser cette nouvelle attaque; ils la repoussèrent.
Leurs raisons furent entendues; et le Ministre des finances
adressa, le 19 frimaire an 9, à celui de l'intérieur, une lettre
qui se termine par cette décision officielle : « Il y a lieu, par
» différentes considérations qui m'ont paru déterminantes, *de*
» *ne pas donner suite à la prétention élevée à cet égard pour*
» *la République.* En conséquence, je viens de marquer aux
» Régisseurs du Domaine *qu'ils doivent s'abstenir d'intenter*
» *l'action qui leur était réservée par le Tribunal civil contre*
» *les acquéreurs.* Ainsi il ne reste plus d'obstacles à l'exécu-
» tion de l'arrêté des Consuls du 23 thermidor dernier, portant
» que la Salle du Théâtre Français, avec ses dépendances,
» seront acquis à la République, pour être consacrés aux
» représentations dramatiques, et que le prix de cette acqui-
» sition sera payé en rescriptions admissibles en paiement de
» biens nationaux ».

C'est en conséquence de cette dernière décision que l'ex-
pertise a été terminée; mais d'autres tems amenèrent d'autres
soins; le projet d'acquisition fut abandonné.

Il ne me restait plus qu'à me libérer envers mes vendeurs.
Mais avant, il m'importait de ne pas laisser subsister la réserve
de pourvoi que le jugement de l'an 6, renfermait en faveur
de la Régie des Domaines.

Je crus devoir aller moi-même au-devant de cette réserve; et
je traduisis la Régie devant le Tribunal pour la forcer de
s'expliquer sur ce point. Ma demande du 2 germinal an 9,
tendait à ce qu'en procédant sur *la demande originaire de la*
Régie en l'an 5, elle y fût déclarée non-recevable ou en
tout cas déboutée, et en conséquence à ce que je fusse déclaré
propriétaire incommutable.

(19)

La Régie déjà autorisée par la décision ministérielle que l'on vient de lire, se désista de cette demande. Elle déclara qu'elle *n'entendait pas y insister.* Je demandai acte de cette déclaration ; je pris des conclusions précises en maintenue de ma propriété ; et l'aliénation du théâtre reçut de l'autorité judiciaire la même sanction qu'elle avait obtenue, deux fois déjà, de l'autorité administrative.

Voici le prononcé du jugement qui intervint le 14 prairial an 9.

« Donne acte au citoyen Julien de la déclaration faite par les
» Régisseurs des Domaines nationaux *qu'ils n'entendent point*
» *insister sur la demande* par eux formée originairement contre
» le citoyen Provost, à fin de nullité de la vente du théâtre de
» la République...... *En conséquence, attendu la déclaration*
» *ci-dessus des Régisseurs des Domaines nationaux, attendu*
» *d'ailleurs que la vente ci-dessus énoncée et les ventes anté-*
» *rieures du théâtre de la République ont été valablement*
» *faites, et que la République n'a aucun droit sur le théâtre*
» *ni sur aucune partie du terrain sur lequel il est construit,*
» le Tribunal, sans avoir égard à la demande en nullité de la-
» dite vente, et en rentrée en possession, formée originaire-
» ment de la part des Régisseurs des Domaines nationaux,
» dont ils sont déboutés définitivement, *déclare le citoyen Ju-*
» *lien propriétaire et possesseur incommutable de ladite salle*
» *et théâtre de la République, des bâtimens en dépendans et*
» *de la totalité du terrain sur lequel ils sont construits, con-*
» *formément à l'acte de vente ci-dessus énoncé, lequel sera*
» *exécuté suivant sa forme et teneur.*

C'est sur la foi de ces confirmations multipliées que j'ai payé mon prix.

L'ESTIMATION qui devait en déterminer le montant a eu lieu le 7 floréal an 10 ; la valeur de l'immeuble en numéraire, à l'époque du 4 vendémiaire an 4, a été fixée à 580,000 fr. Le mode de paiement a été réglé sur cette base par une transaction du 1er. prairial suivant; la propriété du mobilier m'a été en même-tems transmise, pour 149,383 liv.

Tout semblait terminé. Mon acquisition essuya cependant une quatrième attaque.

On essaya, par une nouvelle dénonciation auprès d'un nouveau Ministre, de ressusciter l'ancien débat jugé par les précédentes autorités.

A mon insu, et le 7 floréal an 11, le Ministre de l'Intérieur, prit un arrêté qui décidait que mes titres seraient soumis à un nouvel examen; et, *provisoirement*, ordonnait *que le séquestre serait mis sur le théâtre.*

Mais bientôt, l'injustice de ce coup d'autorité fut reconnue.

Le Ministre, désabusé, convint que la Salle serait prise à loyer, au nom du Gouvernement; il autorisa M. Remuzat, alors Préfet du Palais, et Surintendant du Théâtre-Français, à passer le bail.

Le bail fut souscrit le 28 prairial an 11, pour neuf ans.

Il fut approuvé, le 29 du même mois, par un arrêté spécial du Ministre, *qui rapporte celui du 7 floréal an 11.*

Une expédition de cet arrêté me fut adressée par une lettre ministérielle de messidor an 11.

Les loyers furent payés par le Gouvernement lui-même, en vertu d'une délégation sur une rente de 100,000 francs, dont les comédiens français avaient été gratifiés par un arrêté des Consuls du 13 messidor an 10; rente qui, par cet arrêté, était nominativement affectée à payer les *loyers de leur Salle, les pensions de retraite, etc.*

Par un nouvel acte avec M. Remuzat, du 21 mars 1809, le bail fut prorogé jusqu'au 31 décembre 1815.

Enfin le décret daté de Moscou, le 15 octobre 1812, relatif à l'administration et police du Théâtre-Français , consacra de nouveau , et le bail et le paiement du loyer sur la rente due par le Gouvernement. L'article 37 porte que , sur chaque trimestre de rentrée , le caissier acquittera tous les trois mois , 1°. les pensions , 2°. les indemnités , 3°. le traitement du Commissaire du Gouvernement , 4°. *le loyer de la salle.*

Depuis l'an 11 (1803), j'ai continué de jouir sans interruption jusqu'à l'heureuse restauration de la Monarchie légitime.

A cette époque même , ma possession n'a pas été troublée.

Dès les premiers momens de la rentrée du Roi dans sa capitale, trois ordonnances ont signalé la généreuse bonté de SA MAJESTÉ envers le fils et l'héritier du feu Duc d'Orléans.

La première du 18 mai 1814 porte , « Le Palais Royal et » le Parc de Mousseaux sont rendus , avec leurs dépendances , » à notre très-cher et très-aimé cousin le Duc d'Orléans ».

La seconde du 20 mai 1814 ajoute , « Tous les biens apparte- » nants à notre très-cher et très-aimé cousin le Duc d'Orléans, » *qui n'ont pas été vendus,* soit qu'ils soient régis par l'admi- » nistration de notre Domaine, soit qu'ils soient employés à » des établissemens publics, lui seront restitués ».

La troisième, du 7 octobre suivant, statue en ces termes : « En restituant à notre cher et aimé Cousin le Duc d'Orléans, » les biens *non - aliénés* dont notre Cousin Louis Philippe- » Joseph, Duc d'Orléans, son père, a joui, à quelque titre et » sous quelque dénomination que ce soit, nous avons entendu » et notre intention a été que lesdits biens sortissent de nos » mains pour passer directement dans celles de notredit ne- » veu et dans celles de notre très-chère et aimée Cousine » Louise-Adélaïde-Eugène d'Orléans, sa sœur, pour ce qui » peut la concerner, et à leur profit exclusif ».

Non-seulement Mgr. le Duc d'Orléans ne se crut pas autorisé par ces ordonnances à revendiquer le Théâtre français, mais il est juste de dire qu'il n'a pas hésité de traiter avec moi, comme légitime propriétaire. L'Administration du Prince avait cru pouvoir douter qu'une portion de bâtimens qui règne au-dessus de la galerie, derrière la salle de spectacle, eût été comprise dans l'adjudication primitive. Des architectes ont été respectivement nommés pour résoudre cette difficulté ; et de leur opération il est résulté que, loin de posséder au-delà de ce que m'attribuait l'adjudication, j'avais *en moins* 2 toises et demie, 15 pieds 6 pouces, de terrain.

Le procès-verbal de cette vérification, commencé le 14 octobre 1814, a été clos le 16 décembre suivant. Il contient la transcription des pouvoirs des parties. Ceux émanés du Prince sont adressés au sieur Fontaine, son architecte, par M. Bichet, *Procureur-Administrateur général des Domaines, Bois et Finances de S. A.*, et sont ainsi conçus :

« Vous avez connaissance, Monsieur, des difficultés qui se » sont élevées entre *le propriétaire de la salle du Théâtre* » *français* et S. A. S. Mgr. le Duc d'Orléans, relativement à la » portion de bâtimens qui règne au-dessus de la galerie, der- » rière la salle de spectacle.

» Je vous charge spécialement, Monsieur, et *vous donne* » *tous pouvoirs, au nom du Prince*, d'examiner avec les agens » qui auront été nommés *par le propriétaire de la salle* dont » il s'agit, le point contentieux qui semble le diviser avec » S. A. S. Je vous invite à vouloir bien y apporter toute l'at- » tention dont vous êtes susceptible ».

Telle est la série des faits et actes auxquels la réclamation de Mgr. le Duc d'Orléans vient se rattacher. C'est comme apanagiste et exerçant les droits de son prétendu apanage qu'il a formé sa demande le 21 juin 1817.

Un mémoire a été publié sous le nom du Prince pour la

justification de cette demande ; et ce qui a pu m'étonner dans cet écrit, ce dont j'ai droit de me plaindre, c'est le reproche injurieux qu'on y dirige contre ma personne, lorsqu'on y dit, page 21 : « Qu'on ne suivra pas dans leurs *manœuvres* » *clandestines*, dans leurs débats particuliers, des hommes, » *possesseurs illégitimes* d'une grande propriété, inquiets de » leur titre, *divisés pour la jouissance, réunis pour l'usur-* » *pation, se plaignant les uns des autres lorsqu'ils se* » *croyaient certains de leur proie*, combinant leurs efforts » pour *se dérober à l'action du Gouvernement*, etc. . . . . . ».

Je ne puis croire que ce soit par autorisation de S. A. S. Mgr. le Duc d'Orléans, que ces expressions injurieuses aient été employées ; j'appelle sans crainte sur ma vie entière l'examen le plus scrupuleux, et je cherche en vain dans les faits et actes dont je viens de tracer le fidéle tableau le plus léger prétexte qui puisse motiver l'imputation que l'on a cru pouvoir se permettre à l'abri d'un grand nom contre mes vendeurs et moi.

Etranger à l'adjudication de 1793, je n'ai acquis que deux ans après. Le paiement de mon prix a été subordonné à une justification que mes vendeurs espéraient pouvoir faire dans un délai de dix jours. Je me suis mis en mesure de les payer. Des délais qui ne provenaient point de mon fait, mais qu'il n'a point tenu à eux d'abréger, ont amené le décroissement des assignats. Je n'ai à leur reprocher que d'avoir voulu me faire supporter cette perte. Je n'ai eu nulle relation avec aucun d'eux, ni au moment de la vente, ni dans l'intervalle qui s'est écoulé jusqu'à l'instant où il a été question d'une transaction entre nous pour le paiement. Nous avons toujours été en procès, et eux seuls ont défendu la propriété vis-à-vis du Gouvernement, jusqu'à la décision du Ministre des Finances en frimaire an 9. Ce n'est qu'après que des premières conventions eurent assuré les bases d'une transaction, que j'ai eu connaissance de cette décision. Les agens de S. A. S.

Mgr. le Duc d'Orléans, qui ont trouvé de grandes facilités dans certains bureaux, pour avoir non-seulement la connaissance, mais même la remise des piéces qui ne devaient être communi-quées qu'aux parties intéressées, n'ont pu trouver dans aucune le moindre prétexte au soupçon de l'accusation qu'ils ont sans doute certifiée aux défenseurs de S. A. S. La calomnie est donc ici de pure invention.

Je ne suis point chargé de la défense de mes vendeurs; mais leur conduite m'a toujours paru facile à expliquer. Ils ne prévoyaient point sans doute en 1792 qu'ils achéteraient en 1793 la Salle de spectacle ; ce ne sont point eux qui ont dicté les termes de la pétition présentée le 29 mars 1792, par le père de S. A. S. Ce ne sont point eux qui, las de voir cette pétition sans réponse, ont obtenu, sur de nouvelles sollicitations, le 14 septembre de la même année, le nou-veau mode d'aliénation demandé pour épuiser le droit de vente résultant des lettres-patentes de 1784. Ce ne sont point eux sans doute qui ont sollicité la mise en vente de la Salle; ils étaient assurés d'un bail long et fort avantageux; mais cette vente arrêtée, ils ont pu se déterminer à se rendre adjudicataires, sur-tout quand ils ont vu cette adjudica-tioh faite en vertu d'une loi, et accompagnée de formes assez solennelles pour ne leur laisser aucune inquiétude. Ils ont emprunté pour payer, et leur exploitation contribuant à augmenter tous les jours leurs dettes, parce qu'il n'y avait aucun rapport entre les prix payés pour les places et les frais d'admi-nistration du spectacle, ils ont été réduits à la nécessité de vendre. Je ne vois pour eux aucun motif de collusion avec les mandataires du père de S. A. S., et je ne devine pas dans quelle circonstance ils auraient pu avoir besoin de mon ombre pour se garantir des recherches du Gouvernement.

Parlerai-je aussi des propositions d'arrangement que l'on annonce

annonce m'avoir été faites? Elles ont surpassé, dit-on, dans le *mémoire imprimé, page 4, tout ce que je pouvais attendre du désir de S. A. S. de concilier nos intérêts réciproques.*

La vérité est que, quoiqu'intimement convaincu que ma propriété est inattaquable, néanmoins, par déférence pour S. A. S., et pour complaire au désir qu'elle manifeste de faire rentrer le Théâtre français dans les dépendances de son palais, j'ai fait l'offre au Prince de lui céder cette propriété; pourvu qu'il me rendît indemne de toutes les dépenses et frais qu'elle m'avait occasionnés.

Cette indemnité, se composant principalement du prix que j'ai été forcé de payer deux fois, je l'ai fixée à 1,200,000 fr.

Et quoique cette somme soit bien inférieure à la valeur de cet immeuble, estimé, en l'an 9, 1,440,000 francs, et dont les frais de constructions, suivant le Prince, se sont élevés à 3,600,000 francs, quoiqu'elle présente un bénéfice de 25 pour cent sur le montant des dettes payées avec le produit de l'adjudication, mon offre n'a point été acceptée.

La seule réponse que j'aie reçue, est une déclaration qui m'a été faite, au moment des plaidoieries, qu'on était chargé de m'offrir 600,000 francs.

A la dernière audience (1) on a expliqué pour le Prince les raisons de convenance qui avaient déterminé la demande formée en son nom, l'utilité de réunir à son Palais la salle du Théâtre Français, et les embellissemens qui en seraient la suite. On voit qu'il n'a pas dépendu de moi que ces projets ne reçussent leur exécution; et qu'encore bien que légitime propriétaire j'aie le droit de conserver ma propriété, je n'ai pas hésité à en faire l'offre au Prince.

---

(1) 24 janvier, réplique de M. Dupin.

D

Mais, je l'avoue, je n'ai pas cru que ma déférence pour S. A. S. dût aller jusqu'à consentir à ne recevoir que la moitié de ce que cette propriété m'a coûté, et à sacrifier ainsi une partie aussi importante de ma fortune, et de celle de mes enfans. J'aurais désiré, sans doute, que ce procès n'eût pas reçu l'éclat qu'on lui a donné; mais puisqu'on a constitué le public spectateur et juge aussi de nos débats, je ne crains pas de livrer ma conduite à son examen le plus sévère; et quant aux moyens de droit qui protègent mon acquisition, c'est aux Conseils qui ont bien voulu me prêter le secours de leurs lumières qu'il appartient de m'éclairer sur la justice de mes droits.

Signé A. JULIEN.